ANSELM GRÜN

MEIN FASTEN-TAGEBUCH

Vier-Türme-Verlag

Liebe Leserin, lieber Leser,

in der heutigen Zeit entschließen sich viele Menschen, eine Fastenzeit einzulegen – junge und alte, Christen wie Nichtchristen. Sie alle verzichten aus unterschiedlichen Motiven eine Zeit lang auf die gewohnte Menge an Nahrung. Manche tun das für den Frieden, für das Leben. Das Fasten ist Mittel und Zeichen ihres Engagements für ihre Ziele. Andere fasten, um sich zu beweisen, dass sie sich selbst beherrschen können. Wieder andere fasten aus sozialen Gründen: Sie wollen die Idee des Miteinander-Teilens am eigenen Leib erfahren und verzichten auf Essen und Trinken, um anderen zu helfen. Und einige fasten auch, um ihr Beten und Meditieren zu intensivieren. Und dann gibt es viele, die der Gesundheit wegen fasten. Sie essen weniger, um schlank zu bleiben, oder machen Fastenkuren, um von Krankheiten befreit zu werden, gegen die die traditionelle Medizin fast machtlos ist. Eigentlich stammt die Tradition des bewussten Fastens aber aus der Religion. Die christliche Kirche hat es ursprünglich aus dem Judentum übernommen. Es ist erfreulich, dass die Kirche dabei ist, ihre eigene Tradition wieder neu zu entdecken. Denn jahrzehntelang hatte sie diese nur noch äußerlich durchgehalten, der eigentliche Sinn des Fastens aber war immer mehr in Vergessenheit geraten. Leib und Seele wurden darin voneinander getrennt, das

Fasten zu einer rein geistigen Haltung. Man verstand darunter die innere Freiheit gegenüber den Dingen dieser Welt, geistige Umkehr und Erneuerung, und schaute fast verächtlich auf das rein körperliche Fasten herab. Dabei merkte man nicht, dass mit dem körperlichen Fasten auch der Geist des Fastens verschwand, ja dass die Spiritualisierung des Fastens zu einer neuen Materialisierung geführt hat: Das Fasten wurde wirtschaftlich vereinnahmt. Auch in den Klöstern war diese Tradition beinahe verschwunden. Inzwischen haben sie sich jedoch wieder dem Fasten geöffnet. Bei uns in der Abtei waren es die jungen Mönche, die in der Fastenzeit einen Fastentisch eingerichtet und eine neue Sensibilität für den spirituellen Wert des Fastens geweckt haben.

Dieses Fastentagebuch möchte dir ein Begleiter sein in deiner Fastenzeit – aus welchen Gründen auch immer du dich zu einer solchen Zeit entschlossen hast. Fasten heißt: gegen den Strich leben. Eine Fastenzeit kann daher eine Zeit sein, in der du dein inneres Freisein trainierst, indem du eine Art Frühjahrsputz für deine Seele machst. Sie sollte eine heilsame Zeit sein, in der all das Ungeordnete in unseren Gewohnheiten wieder zur Ordnung kommt.

Dazu habe ich ein paar Impulse zusammengestellt – du kannst sie mit in deinen Tag nehmen oder sie als Aufhänger nutzen, um darüber mit einem anderen Menschen ins Gespräch zu kommen. Zudem möchte ich dir ein paar wichtige Fragen stellen, die helfen können, dir selbst immer tiefer und wahrer zu begegnen. Wenn du magst, ist hier viel Platz, um sie für dich zu beantworten und dir zu deiner Fastenzeit Notizen zu machen, Wichtiges festzuhalten, Ideen aufzuschreiben.

Ich habe mich in der Struktur an der vierzig-tägigen Fastenzeit vor Ostern orientiert. Sicher hat jeder Vorlieben oder Zeitfenster, wann eine Fastenzeit am besten in seinen Alltag zu integrieren ist. Wenn das Fasten jedoch zusätzlich an die von der Kirche empfohlenen Zeiten gebunden ist, entgehen wir der Gefahr, nur rein äußerlich zu fasten, also nur aus gesundheitlichen Gründen oder aus dem Ehrgeiz heraus, uns zu beweisen, dass wir es können. Wir kreisen dann nicht um das Fasten, sondern ordnen es von vornherein auf etwas Größeres hin. Und wir sind verbunden mit und getragen von der Gemeinschaft der Glaubenden. Aber du kannst natürlich das Buch auch für eine längere oder kürzere Zeit nutzen und dir die Impulse und Fragen heraussuchen, die dich ansprechen, dich berühren oder in dir etwas in Bewegung bringen.

Ich wünsche dir eine heilsame und gesegnete Fastenzeit!

Herzlichst, dein
Pater Anselm Grün

ZU BEGINN – WARUM, WANN UND WIE MÖCHTE ICH FASTEN?

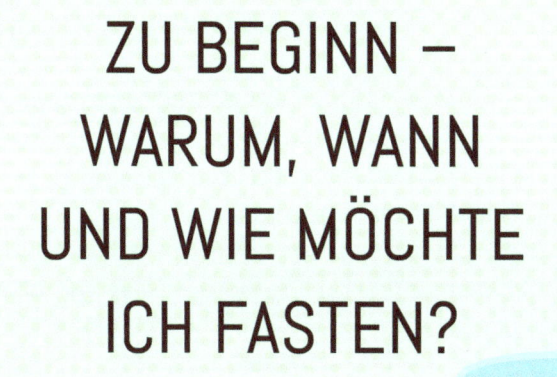

In einer Diskussion über das Fasten in unserem Konvent meinte ein Mitbruder, es sei doch wohl besser, lieber nicht zu fasten und guter Laune zu sein, als zu fasten und für die anderen zur Last zu werden, weil man ständig schlecht gelaunt sei. Aber wenn wir unserer schlechten Laune dadurch aus dem Weg gehen, dass wir gut essen und trinken, dann lernen wir uns nie kennen. Sicher ist es nicht gut, wenn wir uns jeden Genuss versagen und dann für andere ungenießbar werden. Aber darum geht es beim Fasten gar nicht. Es geht vielmehr darum, in mir zu entdecken, was mich eigentlich hält, wovon ich im Grunde lebe. Gerade wenn ich im Fasten bewusst die vielen Ersatzbefriedigungen aus der Hand lege, die mich oft genug betäuben oder blind machen, erkenne ich meine innerste Wahrheit.

- *Kann ich nur gut gelaunt sein, wenn ich esse und trinke?*
- *Was ist denn der Grund meines inneren Friedens?*
- *Was hält mich eigentlich bei guter Laune?*
- *Kann ich mit mir nur zufrieden sein, wenn meine Bedürfnisse nach Essen und Trinken gestillt sind?*

Eine Möglichkeit ist, die Karwoche als Vorbereitung auf Ostern im Fasten zu begehen. Wer es sich leisten kann, sollte die ganze Woche vollständig fasten. Doch dann wäre es gut, das in Gemeinschaft zu tun. Denn allein eine Woche lang in seiner gewohnten Umgebung zu fasten, fällt sehr schwer. Das gemeinsame Fasten sollte wie in der alten Kirche mit gemeinsamen Gebetszeiten verbunden sein. Man kann sich jeden Tag zum Gebet treffen. So verliert das Fasten den Charakter einer Leistung, die man sich abringen will. Es ist auf das Gebet hin geordnet und öffnet die Gemeinschaft für Gott.

- *Wann möchte ich fasten?*
- *Kann ich mir vorstellen, dass eine Gruppe oder eine Freundin, ein Freund oder mehrere Freunde gemeinsam mit mir fasten möchten?*
- *Wen könnte ich ansprechen?*
- *Wie könnte eine solche gemeinsame Fastenzeit aussehen?*
- *Was mache ich allein, was teilen wir dabei?*

Es gibt Menschen, die ein mehrtägiges Vollfasten auch während des normalen Arbeitsalltags durchführen. Viele machen damit gute Erfahrungen. Aber es braucht dann eine umso größere Achtsamkeit auf sich selbst. Und es braucht mehr Disziplin. Die Tradition der Kirche, die ein längeres Fasten immer nur als Vorbereitung auf ein Fest kennt und es in Gemeinschaft übt, weist uns hier einen guten Weg. Die letzten Tage vor Ostern etwa kann man sich viel leichter dem Arbeitsprozess entziehen. Eine andere Möglichkeit wären Exerzitien, bei denen man sich für einige Tage zurückzieht. Exerzitien und Wüstentage erfahren durch das Fasten eine Vertiefung.

- *Möchte ich im Alltag oder zu einer besonderen Zeit/für eine bestimmte Zeit fasten?*
- *Kann ich das Fasten in meinen Alltag einbauen?*
- *Sind Exerzitien oder „Wüstentage" eine Möglichkeit für mich? Wo könnte ich dazu Angebote finden?*
- *Könnte ich einen „Wüstentag" in meinen Alltag einbauen, also zum Beispiel immer mittwochs oder freitags fasten und mir so eine kleine Auszeit gönnen?*

In der alten Kirche wurde neben dem weniger strengen Wochenfasten als Vorbereitung auf Ostern gefastet, anfangs nur ein bis drei Tage, dann die ganze Karwoche und schließlich ab Ende des 3. Jahrhunderts vierzig Tage lang. Während man jedoch an den beiden Tagen vor Ostern eine völlige Enthaltung von Speisen verlangte, fastete man am Mittwoch und Freitag und in der Fastenzeit entweder bis zur neunten Stunde (15.00 Uhr) oder, wie Benedikt es in seiner Regel vorschreibt, bis zum Abend. Die Mönche verschärften für sich die Fastenpraxis der Großkirche. Viele aßen nur jeden zweiten Tag, andere fasteten vor allem in der Fastenzeit fünf Tage lang und aßen nur am Samstag und Sonntag. Außerdem legten sie sich auch Beschränkungen in der Auswahl der Speisen auf. Sie verzichteten auf Fleisch, Eier, Milch und Käse und enthielten sich des Weines. Ihre üblichen Fastenspeisen waren Brot, Salz und Wasser, dazu noch Hülsenfrüchte, Kräuter, Gemüse, getrocknete Beeren sowie Datteln und Feigen.

- *Wie und wie lange möchte ich fasten?*
- *Auf was möchte ich dabei verzichten?*
- *Verzichte ich auf bestimmte Mahlzeiten oder Nahrungsmittel oder auch auf andere Dinge, von denen ich mehr Freiheit gewinnen möchte?*

Wenn wir nach Formen heutigen Fastens suchen, ist es sinnvoll, die Erfahrungen der kirchlichen Tradition aufzugreifen und sie in unsere Zeit zu übersetzen. Zum Beispiel sollte man die traditionelle 40-tägige Fastenzeit nicht dadurch verwässern, dass man in dieser Zeit nur Geld für gute Zwecke sammelt oder sich Verzicht auf Fernsehkonsum auferlegt. Die Fastenzeit meint Fasten mit Leib und Seele. Dazu gehört die geistige Umkehr, aber eben nicht bloß eine Umkehr mit dem Kopf und mit dem Willen, sondern ebenso mit dem Leib. Früher verzichtete man in dieser Zeit ganz auf Fleisch und Alkohol. Eine längere Periode des Fleischverzichtes tut nicht nur unserem Körper gut, sondern wäre auch ein Beitrag zu Klimaschutz und dem Bewahren der Schöpfung. Jeder muss für sich ausprobieren, was ihm guttut. Nur soll er sich dabei nicht zu schnell von dem Vorurteil leiten lassen, wenn er arbeiten müsse, müsse er auch richtig essen. Man kann auch gut und viel arbeiten, wenn man mal einen oder zwei Tage lang fastet.

- *Welche Art von Fasten tut mir gut?*
- *Bin ich eher ein „Frühstückstyp" oder kann ich auch mal nur mit Kaffee oder Tee in den Tag starten?*
- *Welche Mahlzeiten kann ich weglassen, ohne dass es mich im Alltag zu sehr beeinträchtigt?*
- *Welches Fastenkonzept könnte für mich passen?*

Die Kirche hat sich in ihrer Geschichte immer gegen eine allzu eindeutige Scheidung von reinen und unreinen Nahrungsmitteln gewandt. Sie hat eine gesunde Praxis geübt, aber nie eine Ideologie daraus gemacht. So war für Mönche die vegetarische Kost die Regel. Aber Kranken war auch der Verzehr von Fleisch und Eiern erlaubt. Grundsätzlich hat die Kirche daran festgehalten, dass alle Speisen von Gott geschaffen und damit gut sind. Aber zugleich hat sie auch gewusst, welche Wirkungen bestimmte Speisen auf den Leib und den Geist des Menschen haben. Und dieses Wissen hat sich in ihrer Fastenpraxis niedergeschlagen. Aber sie hat sich immer geweigert, bestimmte Speisen als unerlaubt oder gar „dämonisch" anzusehen. Richtig und gesund fastet nur, wer es ohne Angst tut. Wer nur aus Angst fastet, etwas Schädliches zu essen, dem nützt es gar nichts, für den wird es zu einem Zwang.

Wir sind es uns schuldig, bewusster mit dem Essen umzugehen. Doch wer zu viel Energie auf die Auswahl seiner Lebensmittel verwendet, bei dem hat sich das Gleichgewicht verschoben, es geht eher um das ängstliche Sorgen und Kreisen um sich selbst.

- *Möchte ich in meiner Fastenzeit auf bestimmte Nahrungsmittel verzichten?*
- *Wenn ja: Warum? Oder eher: Warum genau auf diese?*
- *Welchen Stellenwert hat die Nahrungsaufnahme in meinem Alltag?*
- *Bedeutet die Fastenzeit, wie ich sie mir ausgewählt habe, einen zusätzlichen Zeitaufwand in meinem Alltag?*

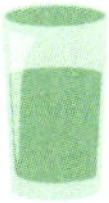

Oft ist es auch sinnvoller, sich eine maßvolle Disziplin im Essen aufzuerlegen, als in spektakulären Aktionen zu fasten. Vorschriften können das Fasten nicht lebendig halten. Es braucht das Gespür für dessen tiefere Bedeutung. Indem die Medizin die heilende Wirkung des Fastens entdeckt hat, hat sie auch bei vielen Menschen die Neugier für diese alte Tradition geweckt. Das äußere Fasten nützt nichts, wenn es nicht zugleich ein geistiges Tun ist. Aber das geistige Tun braucht auch das körperliche Mitwirken. Wer sich auf das Fasten einlässt, spürt, dass es nicht nur um das Abnehmen geht, sondern um eine neue Lebenseinstellung, um einen neuen Umgang mit Essen und Trinken, aber auch mit der Arbeit und den Lebensgewohnheiten.

- *Wie streng bin ich mit mir beim Fasten? Welche Rolle spielt die Disziplin dabei für mich?*
- *Kann ich mir auch mal eine Ausnahme zugestehen?*
- *Spüre ich, dass sich durch das Fasten etwas an meiner Haltung ändert – zum Leben, zum Essen, zum Arbeiten?*

Während meiner Fastenkurse lasse ich die Teilnehmer und Teilnehmerinnen einen Tag bewusst für einen anderen Menschen fasten, mit dem sie sich verbunden fühlen und bei dem sie das Gefühl haben, dass er der Hilfe Gottes bedarf. Wenn ich den ganzen Tag für einen Menschen faste, denke ich immer an ihn. Das Fasten erinnert mich an ihn. Viele haben die Erfahrung gemacht, dass sie das tief mit dem anderen verbindet und manche Konflikte klärt. Zugleich schenkt es Hoffnung, dass es dem anderen hilft beziehungsweise dass Gott diesen Menschen mit seiner heilenden Liebe umgibt.

- *Kann ich mir vorstellen, mein Fasten in dieser Weise jemandem zu widmen oder so einen Tag in besonderer Weise mit ihm verbunden zu sein?*
- *Falls ja: Was verändert sich dadurch – an meiner Haltung, an meinem Gefühl, am Fasten selbst?*

So wie die Anhänger der Friedensbewegung sich im gemeinsamen Fasten für den Frieden eins wissen, so könnte das Fasten in den großen Anliegen unserer Zeit zu einem Zeichen des Glaubens werden, dass wir als Christen immer noch eine Hoffnung für unsere Welt haben, dass wir an Gottes Verheißungen glauben, die uns allen gelten. Mit dem gemeinsamen Fasten könnten die Christen viele Gräben überbrücken, Gräben zwischen den Konfessionen, Gräben zwischen den streitenden politischen Parteien. Im Fasten würde die Kirche nicht als Lehrmeisterin auftreten, die schon alles weiß, sondern sie würde sich als pilgernde Kirche mit allen Menschen guten Willens solidarisieren und gemeinsam mit ihnen nach dem suchen, was uns guttut, was gut für uns und die Welt ist.

- *Kann ich mir vorstellen, mein Fasten oder das Fasten in der Gruppe einem „guten Zweck" zu widmen?*
- *Kann ich mir vorstellen, das vielleicht sogar öffentlich zu tun und andere zum Mitmachen einzuladen?*
- *Was könnte das sein? Wie könnte ein solcher Aufruf aussehen?*

Ein gemeinsames Fasten wäre auch ein Weg für eine klösterliche Gemeinschaft oder für eine andere Gemeinde oder Gruppe von Menschen, wenn Probleme auftauchen, die nicht mit etwas gutem Willen allein gelöst werden können, etwa Spannungen zwischen Einzelnen oder Gruppen, verhärtete Fronten, die einfach nicht aufzulösen sind. Ein Fasten der ganzen Gemeinschaft könnte die Atmosphäre reinigen. Im Fasten bekennt die Gemeinschaft ihre Ohnmacht, ihre Probleme selbst zu lösen. Sie appelliert darin mit ihrem ganzen Sein an Gott, dass er die Grenzen mit seinem Geist aufbrechen möge. Ein Fasten wäre sicher oft ein ehrlicheres Flehen zu Gott als die blassen Fürbitten, die in unseren Gottesdiensten vorgetragen werden. Im Fasten zeigt man, dass es einem ernst ist mit seinen Bitten.

- *Kann ich mir vorstellen, alleine oder in einer Gemeinschaft zu fasten, um dann mit einem Menschen oder einer Gruppe zu einem Neuanfang zu finden?*
- *Was müsste dafür geschehen?*
- *Was ändert sich dadurch in meinem Gefühl, in meiner Haltung – zum Fasten, aber auch zu den betroffenen Menschen?*

Fasten darf nicht als Selbstbestrafung verstanden werden. Wer mit einem sauren Gesicht fastet, dem frisst das Fasten seine Lebendigkeit weg, es macht ihn hart und lieblos. Die positive Grundstimmung beim Fasten ist notwendige Voraussetzung dafür, dass es uns bereichert. Wir müssen liebevoll mit uns umgehen. Dann wird uns das Fasten auch ehrlicher uns selbst gegenüber machen. Es wird uns befreien von den vielen Zwängen, denen wir unbewusst unterliegen, und von den vielen Hüllen, mit denen wir unseren eigentlichen Kern zugedeckt haben, von dem Schutt, unter dem wir oft gar nicht mehr frei atmen können.

- *Merke ich, dass mir das Fasten schlechte Laune macht?*
- *Wenn ja: Was ist der Grund?*
- *Gehe ich liebevoll mit mir um?*
- *Wie könnte das konkret aussehen, liebevoll und gütig mir umzugehen, gerade während des Fastens?*

Je bewusster ich esse, desto weniger bin ich in Gefahr, über das für mich rechte Maß hinaus zu essen. Irgendwie spürt jeder, wo bei ihm die Grenze ist. Das ist keine äußere Grenze, die er sich willkürlich setzt. Der Körper weiß selbst, was ihm guttut. Und es käme darauf an, mehr auf den eigenen Körper zu hören.

- *Esse ich, wenn ich Hunger habe, oder bestimmen andere Umstände, wann ich etwas zu mir nehme: Pausenzeiten, gesellschaftliche Zwänge, Langeweile, Unzufriedenheit, Traurigkeit?*
- *Kenne ich meine Grenzen, weiß ich, wann ich satt bin?*
- *Esse ich normalerweise darüber hinaus weiter?*
- *Gelingt es mir, in der Fastenzeit einmal nur auf die Signale meines Körpers zu hören und alle anderen „Essanlässe" beiseitezulassen?*

Es geht im gesunden Fasten nie um Ablehnung unserer Leiblichkeit, sondern um ein Annehmen unseres Leibes. Man darf nicht gegen seinen Leib wüten, sondern muss auch im Fasten gut mit sich und seinem Leib umgehen. Das Fasten soll Leib und Seele miteinander verbinden, damit sich beide nicht widerstreiten. Damit der Leib jedoch durchlässig werden kann für sein eigentliches Wesen, muss man sich ihm gegenüber in eine innere Freiheit hineintrainieren. Wer nur seinen vordergründigen Trieben folgt, tut sich und seinem Leib nichts Gutes. Es kommt darauf an, der tiefsten Sehnsucht in sich zu folgen, die etwas ahnt von der ursprünglichen Harmonie zwischen Leib und Seele.

- *Was kann ich meinem Körper Gutes tun – trotz Fasten?*
- *Wie kann ich meinen Körper und meinen Geist in Einklang, in eins bringen?*
- *Was hilft mir dabei – singen, wandern, Gemeinschaft, spielen, schweigen …?*
- *Wie komme ich meinen Sehnsüchten auf die Spur?*

STOLPERSTEINE UND HINDERNISSE BEIM FASTEN

Wenn man sich zum Fasten entschließt, dann sieht man sich bald mit einigen Schwierigkeiten konfrontiert. Man macht sich Vorsätze und stößt dabei immer wieder an die eigenen Grenzen. Man schafft nicht, was man wollte, und ist enttäuscht über sich selbst. Die Frustration nagt an einem und zehrt die positive Wirkung völlig auf. Daher ist es wichtig, mit der richtigen Einstellung an das Fasten heranzugehen: Das Fasten ist ein Training, mit dem ich mich innerlich freizumachen versuche. Bei diesem Training muss ich mich erst selbst testen, ich muss ab- und zugeben können. Ich muss es auf mich und meine Verfassung richtig abstimmen. Ich muss das für mich richtige Programm erst langsam herausfinden. Dabei darf ich mir nicht zu viel vornehmen. Denn sonst bin ich schließlich umso frustrierter und mache mir Vorwürfe, dass ich ja doch nichts schaffe und im Grunde zu nichts tauge. Solche Vorwürfe sind unfruchtbar. Ich muss das Fasten in einer geistigen Freiheit angehen. Ich teste mich, probiere aus, verschiebe langsam die Grenzen, ohne enttäuscht zu sein, wenn es nicht so geht, wie ich es mir vorgestellt habe. Ich darf nicht gegen mich wüten, sondern muss auch auf mich und meine Bedürfnisse hören.

- *Passt das „Trainingsprogramm", das ich mir für mein Fasten ausgesucht habe?*
- *Kann ich mir zugestehen, etwas weniger streng zu sein, wenn ich merke, es ist einfach zu viel?*
- *Kenne ich meine Bedürfnisse?*

Ein Ziel ist immer auch die Erkenntnis der eigenen Grenze, mit der ich mich aussöhnen muss. Ich kann mich von meinen Abhängigkeiten nur langsam befreien, wenn ich sie zutiefst im Herzen angenommen und mich damit ausgesöhnt habe. Ändern kann man nur, was man angenommen hat. Ein großer Fehler beim Fasten ist, dass man ein Ziel erreichen will, ohne den eigenen Ausgangspunkt zu akzeptieren. Man möchte nicht dort anfangen, wo man steht, sondern möglichst rasch am Ende des Weges ankommen. Aber selbst wenn ich behutsam mit mir umgehe, was mache ich dann mit der Erfahrung des Versagens? Das Versagen ist immer auch eine Chance, über mich selbst etwas mehr zu erfahren. Und vor allem kann es mich gütiger gegenüber anderen machen. Ich werde nicht mehr so hart über sie urteilen. Immer wenn ich spüre, dass ich beobachte, wie viel die anderen essen, wenn ich versucht bin, sie innerlich abschätzig zu beurteilen, dann führt mich mein Fasten auf die falsche Spur. Dann sollte ich dankbar sein, wenn ich spüre, dass ich meine Vorsätze eben doch nicht erfüllen kann, dass der Drang zu essen stärker ist.

- *Was tut mir wirklich gut?*
- *Will ich im Fasten nur meinen Ehrgeiz befriedigen?*
- *Will ich zeigen, dass ich es genauso kann wie dieser und jener, oder ist mir das Ziel wichtiger?*
- *Kenne ich meine Grenzen? Habe ich sie akzeptiert?*

Ein weiteres Problem, das beim Fasten auftaucht, sind die Gedanken: Ärger, schlechte Laune, Reizbarkeit, Lustlosigkeit, Wünsche und Bedürfnisse. Wer bin ich wirklich? Was sind meine tiefsten Wünsche? Wo bin ich am tiefsten verletzt? Wo bin ich unerfüllt und unzufrieden? Was kann mich aus dem Gleichgewicht bringen? Zunächst darf ich diese Fragen nicht verdrängen. Unter der Oberfläche steigt empor, was in mir ist. Damit muss ich mich aussöhnen. Ich soll diese Gedanken daraufhin untersuchen, was sie über mich aussagen. Dann wird das Fasten zu einer guten Chance, mich selbst besser kennenzulernen und mit mir ein Stück mehr in Einklang zu kommen.

- *Wie gehe mit meinen Gedanken um?*
- *Wie würde ich diese Fragen beantworten?*
- *Was sagen mir die Antworten darauf über mich selbst?*

Im Fasten werden wir mit dem eigenen Mangel konfrontiert. Wir sind uns selbst nicht genug, wir ruhen nicht in uns. Wer hungrig ist, der spürt seine Sehnsucht nach Erfüllung. Er fühlt mit seinem Leib, dass er auf die Erfüllung von außen angewiesen ist, und er erfährt hautnah, dass er Materie ist, den Gesetzen der Materie unterworfen. Der Leib fordert sein Recht. Der Geist kann ihn nicht wie einen Sklaven behandeln. Er muss auf ihn hören und Rücksicht auf ihn nehmen. Im Fasten spüren wir unsere Leiblichkeit, unsere Hinfälligkeit, unsere Abhängigkeit von den Gesetzen der Materie und müssen uns damit aussöhnen. Das Fasten ist kein verzweifelter Versuch unseres Geistes, sich über den Leib zu erheben. Es ist vielmehr ein Weg, immer näher an die eigene Wahrheit heranzukommen.

- *Spüre ich einen Groll gegen meinen Körper, weil er bedürftig ist, mir zeigt, dass er Nahrung braucht, Hunger spürt, Kälte, Sehnsucht nach Nähe?*
- *Wie gehe ich mit meinem Körper um? Sehe ich ihn als Teil meines Selbst oder eher als „Instrument", das funktionieren soll?*
- *Kann ich auf meine Bedürfnisse hören, ihnen nachgehen, nachgeben?*
- *In welcher Situation, bei welcher Tätigkeit, welchen Erlebnissen spüre ich, dass Körper und Geist eins sind?*

Das Fasten darf nicht zu einer Lebensverneinung führen und vor allem darf man nicht aus Angst vor seinen Bedürfnissen im Fasten gegen sich selbst kämpfen. Angst ist immer ein schlechter Ratgeber, gerade auch für den Umgang mit seinen Bedürfnissen. Es geht vielmehr darum, durch eine gesunde Askese das Gute in uns hervorzulocken und die Bedürfnisse zu verwandeln, damit uns die Kraft, die in ihnen steckt, weiterhin zur Verfügung steht.

- *Welche Begegnungen, Erlebnisse, Tätigkeiten locken in mir „das Gute" hervor?*
- *Spüre ich, dass mir durch das Fasten eine neue Kraft zuwächst?*
- *Was gibt mir Kraft, woraus ziehe ich Kraft?*

Das körperliche Fasten muss mit dem geistigen verbunden sein, das heißt mit der Enthaltung von schlechten Gedanken. Doch die Gedanken kann man sich offensichtlich nicht so einfach verbieten wie Speisen. Sie werden immer wieder auftauchen. Die Mönche meinen mit dem geistigen Fasten einen Kampf gegen die schlechten Gedanken. In diesem Kampf setzt der Mönch die bewährten Mittel seiner Askese ein: Schweigen, Handarbeit, Gebet und Meditation. Doch zu diesem Kampf gehört ebenso das körperliche Fasten, ohne das ein geistiges unmöglich ist.

- *Gelingt es mir, einen Tag auch von „schlechten Gedanken" zu fasten – Tratsch, Lästern, mich selbst kleinreden oder ausschimpfen …?*
- *Was könnten die Mittel der Mönche im Kampf gegen schlechte Gedanken – Schweigen, Handarbeit, Gebet und Meditation – für mich heute sein?*

Bei manchen Menschen werde ich Aggressionen auslösen, wenn sie merken, dass ich faste. Für viele ist es eine Verunsicherung, sie werden mit ihrer Schattenseite konfrontiert und werden sie auf mich projizieren. Es kann sein, dass mein Fasten sie mit ihrem schlechten Gewissen in Berührung bringt, dass sie doch auch mal etwas für sich tun sollten. Doch ich darf ihre Aggressionen nicht abtun, als ob sie nur ihr Problem wären. Ich muss gut darauf achten, warum sie sich über mein Fasten ärgern. Vielleicht spüren sie, dass da ein elitäres Bewusstsein dahintersteckt, dass ich mich über sie erhebe und sie innerlich abqualifiziere. Die Wirkung meines Fastens auf andere sagt immer auch etwas über mich und meine eigentliche Motivation aus. Vielleicht hat Jesu Forderung, die anderen das eigene Fasten nicht merken zu lassen, auch darin ihren Grund, dass das Fasten eben eine Schattenprojektion auslösen kann. Das Fasten soll uns gütiger und barmherziger machen. Daher soll es im Verborgenen geschehen. Es soll für uns die Atmosphäre ändern und nicht zu einer Anklage gegen die anderen werden.

- *Wie „öffentlich" gehe ich mit meinem Fasten um?*
- *Wie reagieren andere darauf?*
- *Was lösen deren Reaktionen in mir aus?*
- *Was sagen sie mir über mich selbst?*

Das Fasten ist aber auch kein Tabu, das in keinem Fall übertreten werden darf. Wem es wichtiger ist als die Nächstenliebe, der zeigt, dass es ihm vor allem um seine eigene Vervollkommnung geht. Für ihn ist das Fasten ein Werk, das er vorweisen kann, mit dem er sich und den anderen seinen Wert beweisen kann. Aber dann ist er letztlich ein Sklave seiner eigenen Askese. Kennzeichen einer christlichen Askese ist es, wenn man seine asketischen Übungen auch einmal loslassen kann. Es gibt Wichtigeres, als sich durch Fasten innerlich stark zu machen. In der Nächstenliebe geht mein Blick von mir weg, hin auf den anderen. Für die Mönche soll das Fasten ganz konkret der Nächstenliebe dienen: Das, was man durch Fasten einspart, soll man Armen und Bedürftigen geben.

- *Bin ich bereit, eines meiner „Fastengebote" um eines anderen Willen zu übertreten oder beiseitezulassen, zum Beispiel, indem ich mit jemandem Essen gehe, weil er dringend ein offenes Ohr braucht?*
- *Wie könnte das konkret aussehen: das, was ich durch mein Fasten einspare, anderen weiterzugeben?*

Eine weitere Gefahr scheint mir eine gewisse Lebensverneinung zu sein. Man gönnt sich nichts mehr, weil jemand irgendwo auf der Welt weniger zu essen hat als ich. Man läuft ständig mit einem schlechten Gewissen herum, weil man überlegt, ob man nicht mit noch weniger auskommen könnte. Man verzichtet, um anderen zu helfen. Doch oft genug gönnt man schließlich weder sich noch dem anderen etwas. Das Verzichten wird zu einer negativen Lebenseinstellung, die keinen Raum mehr für Feste und Feiern lässt, ständig auch die anderen am eigenen Verzicht misst und ihnen letztlich nichts gönnt.

- *Habe ich das Gefühl, dass durch das Fasten mehr oder weniger Leben in mein Leben kommt?*
- *Fällt es mir schwer, das, was ich mir gönne, tatsächlich zu genießen?*
- *Habe ich ein schlechtes Gewissen beim Genuss, beim Feiern, bei meinem Lebensstil? Wenn ja: Was ist der Grund dafür?*

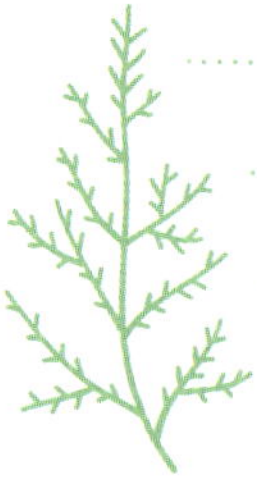

Wer zu fasten beginnt, der erfährt zunächst die Gebrochenheit seiner Existenz. Er spürt die Beschwerden, das Hungergefühl, vielleicht Kopfweh und Schwäche. Doch wer sich von diesen Erfahrungen nicht abschrecken lässt, kann mit der Zeit immer mehr die beglückende Seite des Fastens erleben. Er stellt fest, dass es ihn befreit von der Herrschaft der Begierden, dass es ihn geistig wacher macht und dass es ihn für neues Leben in ihm öffnet.

- *Habe ich durch das Fasten gespürt, dass manche Dinge mehr Raum in meinem Leben einnehmen, als mir guttut? Wenn ja: Was ist es?*
- *Macht das Fasten mein Leben schwerer oder leichter?*
- *Überwiegen die Vorteile des Fastens oder eher die Nachteile?*
- *Spüre ich durch das Fasten eine neue Freiheit?*

24

Almosengeben, Fasten und Beten sind auch für Jesus die Weise, wie wir ihm nachfolgen sollen. Doch sobald diese Werke der Frömmigkeit vor den Menschen getan werden mit der Absicht, von ihnen gelobt und anerkannt zu werden, werden sie wertlos. Denn dann kommt man in diesen frommen Werken nicht von sich selbst los. Man verlagert seine Wünsche nach Macht, Geltung und Anerkennung nur auf eine andere Ebene. Doch im Grunde erliegt man den Versuchungen, die Jesus in der Wüste fastend bestanden hat. Man benutzt Gott und die Frömmigkeit nur, um seine Geltungssucht und Machtgier zu befriedigen. Damit aber wird die Askese pervertiert. Denn ihr Ziel ist gerade, uns in eine Durchlässigkeit für Gott einzuüben, in die Reinheit des Herzens, in ein waches und authentisches Leben.

- *Bezwecke ich etwas mit meinem Fasten?*
- *Kann ich etwas geben und leben, ohne dass ich anderen davon erzähle?*
- *Spüre ich Freiheit in meinem Tun?*

Im Fasten nehme ich die Hülle weg, die über meinen brodelnden Gedanken und Gefühlen liegt. So kann alles hochsteigen, was in mir ist, meine unerfüllten Wünsche und Sehnsüchte, meine Begierden, meine Gedanken, die nur um mich kreisen, um meinen Erfolg, um meinen Besitz, um meine Gesundheit, um meine Bestätigung. Im Fasten werde ich meinen negativen Gefühlen begegnen, die sich oft hinter einer freundlichen Fassade verstecken, Gefühlen wie Zorn, Bitterkeit und Traurigkeit. Die durch Aktivitäten oder durch die vielen Selbsttrostmittel im Essen und Trinken mühsam verdeckten Wunden brechen auf. Alles Verdrängte wird offengelegt. Das Fasten deckt mir auf, wer ich bin. Es zeigt mir meine Gefährdungen und gibt mir an, wo ich den Kampf aufnehmen muss. Im Fasten begegne ich mir selbst, begegne ich den Feinden meiner Seele, dem, was mich innerlich gefangen hält.

- *Was hält mich innerlich gefangen?*
- *Wer sind meine „Feinde"?*
- *Welche Wunden habe ich, die ich selbst nicht gerne anschaue?*
- *Sind mir Essen und Trinken manchmal Trostmittel?*

Wenn uns das Fasten stolz macht, dann ist das immer ein Zeichen, dass wir sehr hart mit unseren Trieben umgehen. Wir glauben dann, die Triebe aus eigener Kraft beherrschen zu können. Wir wollen das „Tier" in uns unterdrücken, seine Kraft brechen und dadurch vor den anderen besser dastehen. Der Blick auf die anderen stachelt uns dabei zu strengen Fastenleistungen an. Wir halten es lange aus, zu fasten, weil uns die Anerkennung der Menschen die Beschwerden vergessen lässt. Wir nähren uns vom Lob der Menge.

Wer fastet, um damit die Anerkennung der Menschen zu erreichen, erfährt nicht die positiven Wirkungen des Fastens. Das Fasten verwandelt ihn nicht, es macht ihn nicht freier und durchlässiger für Gott. Die Unterdrückung des „Tieres" in ihm lässt ihn nicht menschlicher werden. Im Gegenteil, er wird nun trotz der Beherrschung seiner Triebe selbst zum Tier, das die Brüder verschlingt, indem er sie herabsetzt, über sie richtet und sie verleumdet. Die Triebe sind nicht gezähmt, sondern nur unterdrückt und verlagern sich, ohne dass er es merkt, auf die Ebene der Beziehung zu den Menschen.

- *Macht mein Fasten mich stolz?*
- *Fühle ich mich anderen überlegen?*
- *Habe ich im Fasten das Gefühl, mich endlich „in den Griff" zu bekommen, mich zu beherrschen?*

NEU WERDEN

Sinnvolles Fasten braucht eine theologische und spirituelle Begründung. Das ist mir wichtig, dass unser Fasten diese spirituelle Dimension und die Dimension der Freude und Lebendigkeit widerspiegelt. Wenn wir so fasten, dann ist das Fasten wirklich ein Heilmittel für Leib und Seele. Es führt nicht nur uns persönlich innerlich weiter, sondern ist auch für unsere Gesellschaft ein guter Weg der Reinigung und Läuterung. Und es ist ein Weg, unsere Essgewohnheiten zu überdenken und im Essen und Trinken das rechte Maß zu finden.

- *Spüre ich in meinem Fasten auch eine spirituelle Dimension?*
- *Wenn ja: Worin besteht sie?*
- *Spüre ich auch Freude beim Fasten?*
- *Wenn ja: Was genau macht mir dabei Freude?*
- *Spüre ich, dass das Fasten heilsam für mich ist?*
- *Wenn ja: Wie genau? Und wo oder woran?*

Wenn die Mönche vom Sieg über die Laster sprechen, dann meinen sie nie, dass sie diese „ausgerottet" haben. Vielmehr bedeutet Sieg, dass sie nicht mehr von den Leidenschaften beherrscht werden, sondern diese für ihre Suche nach Gott und für ihre Liebe zu den Menschen einsetzen. Das Fasten soll also die Leidenschaften reinigen und verwandeln, dass sie zu positiven Kräften in uns werden und wir uns leidenschaftlich für unsere Brüder und Schwestern einsetzen.

- *Habe ich das Gefühl, dass sich durch oder während meines Fastens etwas in mir gewandelt hat?*
- *Wenn ja: Was ist es?*
- *Habe ich eine Idee, für wen oder was ich mein Mehr an Kraft jetzt einsetzen will?*

Die Wüstenväter waren der Ansicht, dass das Fasten nicht nur eine Auswirkung auf den Einzelnen, sondern auf die ganze Gesellschaft hat. Diese soziale Dimension des Fastens sollten wir heute neu bedenken. Wenn wir gemeinsam fasten, dann erzeugen wir eine Energie, die sich auf die Gesellschaft auswirkt. Die gemeinsame Fastenzeit ist nicht nur eine Zeit persönlicher Reinigung und Reifung, sondern auch eine heilsame Zeit für die ganze Welt. Fasten braucht auch Öffentlichkeit. Wir brauchen den Mut, das Fasten in der Öffentlichkeit sichtbar werden zu lassen, damit auch andere angesteckt werden, aus der Tretmühle des Konsums herauszutreten und sich geistig zu erneuern. So befreien wir uns vom Diktat der Werbung, die uns einredet, was wir angeblich täglich brauchen.

- *Hat mein Fasten etwas an meinem Konsumverhalten verändert? Wenn ja: Was?*
- *Kann ich mir vorstellen, wie das gemeinsame Fasten mit anderen verändernd auf meine Umwelt, meine Mitmenschen wirken kann?*
- *Wie könnte das aussehen?*
- *Was könnte ich weiterhin dafür tun?*

Die Wüstenväter verstehen den Menschen als Einheit von Leib und Seele. Die Klarheit der Gedanken und die Gesundheit des Leibes hängen für sie eng zusammen. Das Fasten reinigt daher Leib und Seele. Wenn ich auf einen gesunden Leib bedacht bin, muss ich mich um gute Gedanken kümmern. Und umgekehrt kann ich nicht erwarten, dass mein Geist klar ist, wenn ich den Körper mit Essen vollstopfe. Der Wüstenvater Athanasius spricht davon, dass das Fasten den Leib heiligt. Der Leib wird durch das Fasten Tempel des Heiligen Geistes. Er wird durchlässig für den Geist Gottes.

- *Wie fühlt es sich an, wenn ich mir meinen Leib als einen Tempel, als etwas Heiliges vorstelle?*
- *Ändert sich dadurch mein Bild von mir selbst oder die Achtung, die ich vor mir habe?*
- *Was könnte das konkret im Alltag bedeuten? Was würde sich im Umgang mit mir selbst ändern?*

Es geht immer um den ganzen Menschen, um die Erreichung seines endgültigen Zieles. Das Fasten ist auf dem Weg zu diesem Ziel ein wichtiges und erprobtes Mittel. Es heilt den Menschen an Leib und Seele, es führt ihn in die innere Freiheit, es ist ein Weg zur Selbstverwirklichung, zum inneren Glück. Ähnliche Motive des Fastens kennen auch die großen Religionen Hinduismus, Buddhismus und Taoismus. In allen Religionen ist das Fasten ein Weg der inneren Reinigung und des Sich-Öffnens gegenüber Gott und der göttlichen Kraft.

- *Kenne ich Fastenpraktiken aus anderen Religionen?*
- *Kann mir das Inspiration für mein eigenes Fasten sein?*
- *Kann ich mein Fasten vielleicht mit Angehörigen anderer Religionen verbinden und so ein gemeinsames Tun für mich selbst und für andere möglich machen?*
- *Wie könnte das gemeinsame, religionsübergreifende Fasten konkret aussehen?*

In der alten Kirche und noch bis in die letzten Jahrhunderte waren die Fasttage Tage, an denen man wacher als sonst auf Gott hinlebte, an denen man sich als Abschluss des Fastens zum gemeinsamen Gebet oder zur Eucharistie versammelte. Das Fasten verband die Christen zu einer Gemeinschaft. Es war nicht ein privates asketisches Werk, sondern eine Form gemeinsamen Betens und Wachens.

- *Kann ich mir vorstellen, dass so etwas auch heute wieder möglich ist?*
- *Wie könnte ich konkret im Alltag das Fasten und das Fastenbrechen mit anderen feiern?*
- *Kann ich mir vorstellen, die Fasten- oder Adventszeit so zu gestalten?*
- *Gibt es Menschen, Gruppen, Freunde, die ich dafür ansprechen könnte?*

Es kommt nie auf den äußeren Erfolg an, sondern nur darauf, ob das Fasten mich sensibler, gütiger und barmherziger macht. Ich darf mich nicht über meine elementaren Bedürfnisse hinwegsetzen, sondern soll im Fasten lernen, besser und gütiger damit umzugehen. Denn es geht nicht darum, unabhängig von Essen und Trinken zu werden, sondern mit mehr Ehrfurcht zu essen und zu trinken. Ich soll das Essen nicht in mich hineinschlingen und es auch nicht als ein bloßes Zugeständnis an meine Natur betrachten, sondern fähig werden, es wirklich zu genießen, mich an den Gaben Gottes zu erfreuen. Das wird mit der Zeit zu einem bewussteren und langsameren Essen führen.

- *Wie gehe ich mit meinen körperlichen Bedürfnissen um?*
- *Spüre ich, dass mich das Fasten gütiger, „gnädiger" mit mir selbst macht?*
- *Welche äußeren Umstände brauche ich, damit ich bewusster und langsamer essen und das Essen mehr genießen kann?*

Wenn ich in der Fastenzeit oder an den Freitagen faste, spare ich die Zeit der Mahlzeiten ein. Die Frage ist, wie ich mit der geschenkten Zeit umgehe. Sicher ist es nicht im Sinne des Fastens, diese Zeit zu verschlafen. Für die Mönche war Fasten und Wachen eine Einheit. So sollte man die Zeit, die einem das Fasten zur Verfügung stellt, anders nutzen, als sie mit Arbeit vollzustopfen. Es fällt mir viel leichter, die Mahlzeit ausfallen zu lassen, um ein Beichtgespräch zu führen, als diese Zeit, in der die anderen essen, bewusst auszuhalten vor Gott, ohne zu lesen und ohne zu schreiben. Aber darum würde es gehen, sich mit leerem Magen vor Gott zu setzen und sich ihm hinzuhalten. Dann spüre ich das Fasten. Vielleicht ahne ich dann, wie ich wirklich zu Gott stehe, ob ich wirklich bereit bin, mich ihm ganz hinzugeben und mich allein von ihm erfüllen zu lassen.

- *Wie könnte ich die Zeit gestalten, die ich durch das Fasten „geschenkt" bekomme?*
- *Halte ich es aus, eine Essenszeit mit Meditation oder einfach nur mit Nichtstun oder Nachdenken zu verbringen?*
- *Könnte ich die Zeit auch einem anderen Menschen in meinem Umfeld schenken? Wie könnte das aussehen?*

Das Fasten will die Leidenschaften und Emotionen reinigen, sodass sie mich nicht mehr im Griff haben, sondern dass sie mir dienen, dass sie mich – wie das Wort Emotion meint – in Bewegung bringen, letztlich zum Leben und zu Gott und zu den Menschen hin bewegen.

- *Was bringt mein Fasten in mir oder in meinem Leben in Bewegung?*
- *Spüre ich einen anderen Umgang mit meinen Emotionen?*
- *Was könnte es für die Zukunft heißen, in Emotion – in Bewegung – zu bleiben?*

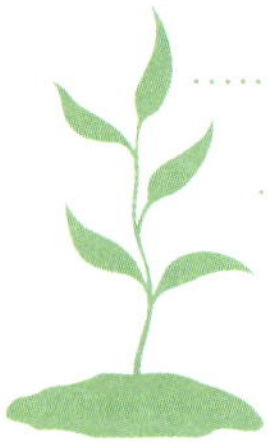

Um auf meinen Leib hören zu können, muss um mich herum eine Atmosphäre des Schweigens, der Stille sein. In dieser Atmosphäre entdecke ich meinen Leib als den wichtigsten Partner auf meinem geistlichen Weg. Wenn ich gut mit ihm umgehe, nicht weichlich und nicht hart, sondern gütig, dann wird er im Fasten immer durchlässiger, immer sensibler. Dann werde ich selbst sensibler, wacher, feinfühliger gegenüber den Menschen und feinfühliger gegenüber Gottes Geist.

- *Wo wird es in meinem Alltag still?*
- *Kann ich schweigen und aushalten, was in der Stille laut wird?*
- *Kann ich die Stimme meines Körpers hören?*
- *Spüre ich eine neue Durchlässigkeit, eine Sensibilität für mich, für andere, für Gott?*

In unserer Zeit hat vor allem Gandhi die enge Verbindung von Fasten und Beten verkündet und das Fasten für andere vorgelebt. Er wollte durch sein Fasten niemanden erpressen oder anklagen, sondern dadurch seine Solidarität mit den Menschen zeigen und ihre Situation vor Gott tragen. Er fastete nicht gegen jemanden, sondern immer für andere. Eine tiefe Freundschaft und gegenseitiges Verständnis zwischen dem, der fastet, und dem, für den er fastet, ist für ihn die Voraussetzung für ein wirksames Fasten. Gandhi erzielte erstaunliche Erfolge damit. Aussichtslose Situationen wurden zum Wohle aller gelöst, Feinde wurden zu Freunden. Gandhis Fasten brachte den Hass zum Schweigen, gab den Seelen neue Richtung und den Verzweifelnden neuen Mut.

- *Kann ich mir vorstellen, für jemanden oder für die Veränderung einer gesellschaftlichen Situation zu fasten?*
- *Mit wem fühle ich mich so verbunden, dass ich mir vorstellen kann, für ihn, für sein Anliegen zu fasten?*

Die alte Kirche widersetzte sich einer Ideologisierung des Fastens und der Speiseverbote und kämpfte für die Freiheit, die Christus uns vom Gesetz und von jedem Gesetzesdenken gebracht hat.

- *Wie könnte diese Freiheit für mich in Zukunft aussehen?*
- *Was müsste ich dazu loslassen?*
- *Was würde sich dadurch an meinem Alltag, an meinem Essverhalten, meiner Einstellung zum Essen ändern?*

„Ist das ein Fasten, wie ich es liebe, ein Tag, an dem man sich der Buße unterzieht: wenn man den Kopf hängen lässt, so wie eine Binse sich neigt, wenn man sich mit Sack und Asche bedeckt? Nennst du das ein Fasten und einen Tag, der dem Herrn gefällt? Nein, das ist ein Fasten, wie ich es liebe: die Fesseln des Unrechts zu lösen, die Stricke des Jochs zu entfernen, die Versklavten freizulassen, jedes Joch zu zerbrechen, an die Hungrigen dein Brot auszuteilen, die obdachlosen Armen ins Haus aufzunehmen ..." (Jesaja 58,5–7). Jesaja ist der Überzeugung, dass das Fasten immer auch zu einem neuen Verhalten gegenüber den Mitmenschen aufrufen möchte.

- *„Die Fesseln des Unrechts zu lösen, die Stricke des Jochs zu entfernen, die Versklavten freizulassen, jedes Joch zu zerbrechen, an die Hungrigen dein Brot auszuteilen, die obdachlosen Armen ins Haus aufzunehmen" – was könnte das konkret in meinem Alltag heute bedeuten?*
- *Wer sind die Versklavten, die Hungrigen, die obdachlosen Armen heute oder in meinem Umfeld?*

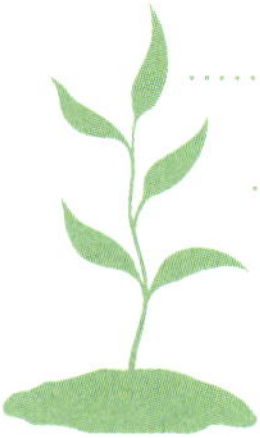

Fasten ist kein Selbstzweck. Bei der Wiederentdeckung dieser lange verschütteten Praxis hat man es manchmal zu absolut gesetzt. Doch Fasten ist ein bewährtes Mittel geistlicher Askese, das uns zusammen mit Gebet und Almosen in die richtige Haltung Gott und den Menschen gegenüber bringen kann. Entscheidend für das richtige Verständnis vom Fasten ist, dass es nicht isoliert gesehen wird, sondern vor allem in Verbindung mit dem Gebet. Fasten ist Beten mit Leib und Seele.

- *Faste ich um des Fastens Willen? Ist mein Fasten Selbstzweck?*
- *Was kann es für mich heißen, „mit Leib und Seele zu beten"? Was könnte „beten" für mich bedeuten, selbst wenn ich diese Praxis bisher nicht übe?*
- *Wie könnte ein Fasten aussehen, das von dieser Haltung getragen ist?*

Bibliographische Information der Deutschen Nationalbibliothek
Die Deutsche Nationalbibliothek verzeichnet diese Publikation
in der Deutschen Nationalbibliografie. Detaillierte bibliografische
Daten sind im Internet über http://dnb.d-nb.de abrufbar.

1. Auflage 2022
© Vier-Türme GmbH, Verlag
Münsterschwarzach 2022
Alle Rechte vorbehalten

Lektorat: Marlene Fritsch
Gestaltung: Chandima Soysa
Covermotiv: cz.dreamwalker/Shutterstock
Motive im Innenteil: Romanova Ekaterina/Shutterstock,
CRStocker/Shutterstock, Nadezda Barkova/Shutterstock
Druck und Bindung: Graspo CZ a. s., Zlín
ISBN 978-3-7365-0427-1

www.vier-tuerme.de